目次

入信後は、自宅に御本尊を …… 2

勤行とは …… 3

勤行実践の功徳 …… 4

勤行の姿勢 …… 6

二人以上で勤行を行う場合 …… 7

勤行の仕方 …… 8

朝——五座の勤行 …… 8

夕——三座の勤行 …… 12

鈴を打つ意義 …… 12

引き題目 …… 13

五座の形式 …… 14

各座の観念文と意義 …… 15

初座　諸天供養 …… 15

二座　本尊供養 …… 17

三座　三師供養 …… 18

四座　広宣流布祈念 …… 22

五座　回向 …… 23

付、過去帳について …… 26

過去帳を用いての回向の仕方 …… 26

御歴代上人の読み方 …… 28

凡例

1、本書は『信心の原点（上・下巻）』『勤行要典の解説』の一部を抜粋し、加筆したものである。

1、本文中に用いた文献の略称は次の通り。

御　　書 — 平成新編日蓮大聖人御書（大石寺版）
法 華 経 — 新編妙法蓮華経並開結（大石寺版）
六 巻 抄 — 日寛上人六巻抄（大石寺版）

入信後は、自宅に御本尊を

日々の修行の基本は、御本尊に向かって勤行《ごんぎょう》・唱題をすることです。一日も早く自宅に御本尊をご安置するようにしましょう。

御本尊は、寺院よりお貸し下げいただきます。仏壇を置く場所や御本尊へのお給仕の仕方は、僧侶や紹介者から説明を受けてください。

勤行の仕方を早く覚えるためには、寺院に参詣するか、紹介者宅もしくは自宅で紹介者と一緒に勤行・唱題するとよいでしょう。

自宅に御本尊をご安置するまでの間は、本門戒壇《かいだん》の大御本尊がましますす総本山大石寺（静岡県富士宮市）の方角に向かって勤行・唱題をするようにしましょう。

勤行《ごんぎょう》とは

勤行《ごんぎょう》とは「勤《つと》めて善法《ぜんぽう》を行う」ことで、仏前でお経を読み、礼拝《らいはい》することを言います。

日蓮正宗の勤行は、御本尊に向かって、法華経の方便品《ほうべんぽん》第二と如来寿量品《にょらいじゅりょうほん》第十六を読誦《どくじゅ》し、南無妙法蓮華経の題目を唱えます。これをもって御本尊に御報恩謝徳《ごほうおんしゃとく》申し上げ、広宣流布《こうせんるふ》をはじめ諸願成就をご祈念し、さらに先祖の追善供養などを行います。

私たちは、これを毎日、朝（五座）・夕（三座）に弛《たゆ》まず実践していくことによって、即身成仏という真の幸福境界に到達することができるのです。

勤行実践の功徳

勤行は、いつでも自分の都合に合わせて一人で行うことができる半面、自分自身がやる気を起こして実践しなければ、いつまでたってもできません。ですから、勤行は最もやさしい修行であると同時に、最も難しい修行であると言えます。

勤行は、すべての修行の根本であり、幸福な生活を築く原動力となる修行ですから、毎日欠かさず、しっかりと実践することが大切です。いい加減な勤行をしたり、怠《なま》けたりすると、仕事でも私生活でも、毎日が空回《からまわ》りしてしまいます。なんとなく体調が優《すぐ》れなかったり、性格的な悪い癖《くせ》が出てきてしまったりして、何事もうまくいかない状況になってしまうのです。

日蓮大聖人は、

「仏法は体《たい》のごとし、世間はかげのごとし。体曲がれば影なゝめなり」

（諸経と法華経と難易の事・御書一四六九ジペー）

と仰せられています。体とは信心、影とは生活であり、体である信心が曲がれば、当然、影である生活も斜めになって、行き詰まってしまいます。反対に、毎日の勤行がきちんと実践できていると、様々な功徳《くどく》を実感することができます。その例をいくつか挙げますと、

□御本尊の偉大な御力によって守護される

□物事を正しく判断できる智慧をいただける

□心身共に、すっきりと快調になる

□仕事も私生活も、不思議とスムーズに進む

□難しい状況や心配なことも、悠々《ゆうゆう》と乗り越えていける

などがあります。これらは、真剣な勤行の実践によって、御本尊から功徳をいただいて、生命力があふれてくるからなのです。

勤行の姿勢

日蓮大聖人が、

「日蓮がたましひ《魂》をすみ《墨》にそめ《染》ながしてかきて候《そうろう》ぞ、信じさせ給へ」

（経王殿御返事・御書六八五ジペー）

と仰せのように、御本尊は仏の御当体ですから、勤行の時には、日蓮大聖人に直々《じきじき》にお目通りし、最高の礼を尽くす気持ちで臨《のぞ》むことが大切です。暑いからといって裸に近い服装で行《おこな》ったり、寝間着《ねまき》のまま行うようなことは、厳《げん》に慎《つつし》むべきです。

勤行をする時は、御本尊に向かって正座し、胸の前で合掌《がっしょう》します。この時、臂《ひじ》を高く上げたりせず、自然な形で脇《わき》を締《し》めます。視線は、御本尊中央の「南無妙法蓮華経」の「妙」のお文字を中心に拝します。

勤行中には、よそ見をしたり、居眠りなどをしないように心掛けなくてはいけません。もしも雑念《ざつねん》が湧《わ》いてきた時には、御本尊と境智冥合《きょうちみょうごう》できるように、さらに唱題に励みましょう。

また読経の時には、お経を間違わず正確に発音できるように、お経本を見て読誦《どくじゅ》することが望ましい姿です。声は大きすぎず、小さすぎず、中音で朗々《ろうろう》と唱えましょう。

二人以上で勤行を行う場合

二人以上で勤行を行う時は、一人が導師を務め、他の人は導師に唱和《しょうわ》します。

この時には、以下のことに注意しましょう。

①勤行開始時と終了時の題目三唱、また各座における引き題目では、導師が最初の「南無」を唱え、他の人はそのあとに続いて唱和します。

②方便品・寿量品の題号と、各座における題目三唱は導師が声を出して唱え、他の人は合掌して頭を下げ、声を出さずに心の中で唱えます。

③題目三唱は「南無妙法蓮華経、南無妙法蓮華経」と二回続けて唱え、いったん切ってから三回目の「南無妙法蓮華経」を唱えます。

勤行の仕方

次に、勤行の具体的な行い方について説明します。

朝――五座の勤行

勤行の開始に当たり、まず御本尊に向かって題目を三唱します。

○初　座 ― 諸天供養

①東方に向きを変え、題目三唱（初座では鈴《りん》を打たない）。

②「妙法蓮華経方便品《ほうべんぽん》第二」と方便品の題号《だいごう》を読み、続いて「爾時世尊《にじせそん》。従三昧《じゅうさんまい》」から「所謂諸法《しょいしょほう》。如是相《にょぜそう》。如是性《にょぜしょう》…本末究竟等《ほんまつくきょうとう》」までを読誦します。

※「所謂諸法。如是相。如是性…本末究竟等」の箇所は、三回繰り返して読みます。

※方便品の読経は、二座以降も同様に行います。

③続いて「妙法蓮華経如来寿量品第十六《にょらいじゅりょうほん》」と寿量品の題号を読み、自我偈《じがげ》（「自我得仏来《じがとくぶつらい》…速成就仏身《そくじょうじゅぶっしん》」の部分）を読経《どきょう》します。

④引き題目を三回唱えます。

［引き題目の唱え方］

「ナームー、ミョーホーレーンゲーキョーナームー、ミョーホーレーンゲーキョーナームー、ミョーホーレーンゲーキョー」とゆっくり唱える。

⑤題目三唱。

⑥初座の観念文を黙読《もくどく》して念じます（本紙15ページ・経本参照）。

⑦題目三唱（初座終了）。

○二　座 ― 本尊供養

①御本尊に向き直って鈴《りん》を打ち（七打）、初座と同様に方便品を読誦します。終わって鈴を打ちます（一打）。

②寿量品の題号を読み、鈴を打ちます（二打）。続けて「爾時仏告《にじぶつごう》。諸菩薩及《しょぼさつぎゅう》」から自我偈の最後まで読経します（「爾時仏告。諸菩薩及」から自我偈の前の「爾説偈言《にせつげごん》」までを長行《じょうごう》と言います）。

③引き題目を三回唱え、鈴を打ち（五打）題目三唱。

④二座の観念文を黙読して念じます（本紙17ページ・経本参照）。

⑤題目三唱（二座終了）。

○三　座 ― 三師供養

①鈴を打ち（七打）、方便品を読誦します。終わって鈴を打ちます（一打）。

②寿量品の題号を読み、鈴を打ちます（二打）。続けて自我偈を読誦します。

③引き題目を三回唱え、鈴を打ち（五打）題目三唱。

④三座の観念文を黙読して念じます（本紙18〜20ページ・経本参照）。

⑤題目三唱（三座終了）。

○四　座 ― 広宣流布《こうせんるふ》祈念（個人の諸祈念）

①三座と同じように、方便品と寿量品の自我偈を読誦します。
②引き題目を三回唱え、鈴を打ち（五打）題目三唱。
③四座の観念文を黙読して念じます（本紙22ジペー・経本参照）。
④題目三唱（四座終了）。

○五　座 ― 回向《えこう》

①三座と同じように、方便品と寿量品の自我偈を読誦します。
②読経終了後、鈴を打ち（七打）、唱題に入ります。
③唱題終了時、鈴を打ちます（五打）。題目三唱。
④五座の観念文を黙読して念じ（本紙23ジペー・経本参照）、鈴を連打して、先祖代々の諸精《しょしょう》霊《りょう》等に対する追善回向《ついぜんえこう》をします。
⑤回向終了とともに、鈴を打ち終わり、題目を三唱します。
⑥「乃至法界平等利益《ないしほうかいびょうどうりやく》　自他倶安同帰寂光《じたぐあんどうきじゃっこう》」と念じます。

⑦鈴三打ののち、題目三唱し、勤行を終了します。

＊過去帳を用いての回向の仕方は、26ジページを参照してください。

夕――三座の勤行

夕（三座）の勤行は、題目三唱ののち、五座の勤行のうちの二座・三座・五座を行います。

鈴《りん》を打つ意義

総本山第九世日有《にちう》上人は、鈴を打つことについて、

「久遠元初《くおんがんじょ》の無作《むさ》三身・末法の御本仏日蓮大聖人を請《しょう》じ奉るために鈴を打つ」

（有師談諸聞書・富士宗学要集二―一四一ジページ取意）

とご指南されています。

一方、初座において鈴を打たない理由について、日有上人は、

「天の御経の時・金《かね》を打たざる事は垂迹《すいじゃく》々々と沙汰して候なり（中略）仏は本地・神は

垂迹にて候なり、今は天なんどをば垂迹々々と沙汰申し候、さて鐘《かね》を打たざるなり」
（同一五八ページ）

と仰せられ、御本仏の垂迹である諸天善神に対する読経であるため、初座では鈴を打たないとご指南されています。

二座以降は、方便品の読誦を始める時に七打、方便品の読誦を終わって寿量品の読誦に入る際に三打、引き題目のあとには五打します。五座では、寿量品読誦を終えて唱題に入る時は七打、唱題を終える時に五打します。以上が基本となります。

鈴を打つタイミング等は、寺院の勤行に参詣して習得するようにしましょう。

引き題目

初座から四座までは、読経のあとに引き題目を唱えます。これには、唱題の功徳を一天四海乃至《ないし》、法界全体に遍満《へんまん》させるとともに、化他・折伏の意義から九界の一切衆生を妙法の大功徳へと誘引《ゆういん》して利益するという意義があります。

五座の形式

総本山大石寺では、御開山日興上人以来、歴代の御法主上人により、一日も欠かすことなく丑寅《うしとら》の時刻（午前二時半〜四時）に勤行が行われ、広宣流布の御祈念がなされています。

丑寅勤行は当初、天御経（天拝）・本堂・御影堂等を回って、読経・唱題が行われていましたが、江戸時代初期より、客殿一カ所において五座の形式をもって行われるようになり、現在に至っています。

丑寅勤行

各座の観念文と意義

ここでは、勤行で行う各座の観念文と意義について説明します。

初　座―諸天供養

初座では、東天に向かい、正しい仏法とその信仰者を昼夜にわたって守護する諸天善神に対し、妙法の法味を捧げます。

> 生身妙覚《しょうしんみょうがく》自行《じぎょう》の御利益《ごりやく》・大梵天王《だいぼんてんのう》・帝釈《たいしゃく》天王・大日《だいにっ》天王・大月《だいがっ》天王・大明星《みょうじょう》天王等総じて法華守護の諸天善神、諸天昼夜《ちゅうや》常《じょう》為《い》法《ほう》故《こ》而《に》衛《え》護《ご》之《し》の御利益《りやく》、法味倍増の御為《おんため》に

【通　釈】

生身のままに妙覚の位《くらい》に至り自行真実の御利益を具《そな》えた大梵天王、帝釈天王、大

日天王、大月天王、大明星天王等、そのほかすべての法華経守護の諸天善神よ、今ここに妙法の法味を捧《ささ》げるが故にその威光《いこう》勢力を倍増して、経文に「諸天昼夜に、常に法の為の故に、而《しか》も之《これ》を衛護《えいご》す」と説かれるところの正法守護の御利益を験《あら》わしたまえ。

〔解　説〕

法華経安楽行品《あんらくぎょう》第十四には、

「諸天昼夜に、常に法の為の故に、而も之を衛護す」（法華経三九六ページ）

と説かれ、また日蓮大聖人が、

「一乗妙法蓮華経は諸仏正覚の極理、諸天善神の威食《いじき》なり」（平左衛門尉頼綱《へいのさえもんのじょうよりつな》への御状・御書三七三ページ）

と仰せのように、諸天善神は、妙法の法味を捧げる法華経の行者を守護するのです。

前御法主日顕上人は、

「勤行において必ず諸天を礼拝して法味供養を捧げ（中略）その功徳によって諸天が力を得て行者を必ず守護するという実相がある（中略）この行は大聖人様から日興上人への御相伝に存する」（大日蓮・昭和六一年六月号七三ページ）

と仰せられ、初座において東天に向かう由縁が、大聖人以来の御相伝に存することをご指南されています。

二座―本尊供養

二座では、久遠元初の御本仏・日蓮大聖人の御当体である本門戒壇の大御本尊に対し、御報恩謝徳申し上げます。

南無《なむ》本門寿量品《ほんもんじゅりょうほん》の肝心《かんじん》・文底秘沈《もんていひちん》の大法《だいほう》・本地難思境智冥合《ほんちなんしきょうちみょうごう》・久遠元初《くおんがんじょ》・自《じ》受用報身如来《じゅゆうほうしんにょらい》の御当体・十界本有常住《じっかいほんぬじょうじゅう》・事《じ》の一念三千・人法一箇《にんぽういっか》・独一本門《どくいちほんもん》戒壇《かいだん》の大御本尊、御威光《ごいこう》倍増御利益《りやく》広大御報恩謝徳《ごほうおんしゃとく》の御為に

【通　釈】

法華経本門寿量品の肝心、文底秘沈の大法、本地難思境智冥合、久遠元初、自受用報身如来の御当体、十界本有常住、事の一念三千、人法一箇、独一本門戒壇の大御本尊に南無し奉り、今その御威光が倍増せられ、広大なる御利益に浴することに

御報恩謝徳申し上げます。

〔解　説〕

本門寿量品の肝心・文底秘沈の大法等とは、法華経本門寿量品の文底に秘沈された妙法のことであり、それは久遠元初の仏が悟られた人法一箇の南無妙法蓮華経のことです。その大法を日蓮大聖人は、全世界の人々を救うため、弘安二（一二七九）年十月十二日、三大秘法総在の本門戒壇の大御本尊として御図顕されました。

三　座—三師供養

三座では、一切衆生の主師親《しゅししん》である末法の御本仏・宗祖日蓮大聖人をはじめ、第二祖日興上人、第三祖日目上人、以来、血脈付法の歴代の御法主上人に対し、御報恩謝徳申し上げます。

南無《なむ》本因妙《ほんにんみょう》の教主・一身即三身《いっしんそくさんじん》・三身即一身・三世常恒《さんぜじょうごう》の御利益・主師親《しゅししん》三徳・大慈大悲・宗祖日蓮大聖人、御威光倍増御利益広大御報恩謝徳の御為に

【通　釈】

本因妙の教主、一身即三身・三身即一身にして三世常恒の御利益を施され、末法下種の主師親三徳を兼備《けんび》せられた大慈大悲の宗祖日蓮大聖人に南無し奉り、今その御威光が倍増せられ、広大なる御利益に浴することに御報恩謝徳申し上げます。

南無法水瀉瓶《ほっすいしゃびょう》・唯我与我《ゆいがよが》・本門弘通《ぐづう》の大導師《だいどうし》・第二祖白蓮阿闍梨日興上人《びゃくれんあじゃりにっこうしょうにん》、御威光倍増御利益広大御報恩謝徳の御為に

【通　釈】

御本仏日蓮大聖人より一器の水を一器に移すように法水《ほっすい》を瀉瓶《しゃびょう》せられ、「唯我与我」の御境界にあらせられる本門弘通の大導師・第二祖白蓮阿闍梨日興上人に南無し奉り、今その御威光が倍増せられ、広大なる御利益に浴することに御報恩謝徳申し上げます。

南無一閻浮提《いちえんぶだい》の御座主《おんざす》・第三祖新田《にいだ》卿《きょう》阿闍梨《あじゃり》日目上人《にちもくしょうにん》、御威光倍増御利益広大御報恩謝徳の御為に、南無妙法蓮華経、南無妙法蓮華経、南無妙法蓮華経
南無日道《にちどう》上人・日行《にちぎょう》上人等御歴代の御正師《しょうし》、御威光倍増御利益広大御報恩謝徳の御為に

【通　釈】

一閻浮提の御座主・第三祖新田卿阿闍梨日目上人に南無し奉り、今その御威光が倍増せられ、広大なる御利益に浴することに御報恩謝徳申し上げます。南無妙法蓮華経、南無妙法蓮華経、南無妙法蓮華経。

第四世日道上人、第五世日行上人等、宗祖日蓮大聖人よりの血脈法水《けちみゃくほっすい》を継承《けいしょう》あそばされる御歴代の御正師に南無し奉り、今その御威光が倍増せられ、広大なる御利益に浴することに御報恩謝徳申し上げます。

〔解　説〕

仏法においては、衆生が帰依すべき信仰の対象として、仏法僧の三宝が立てられます。仏

とは真実の法を覚知し、衆生を救済される仏法の教主、法とは仏の悟られた教法、僧とはその教法を譲り受け、後世に正しく護り伝えていく僧侶を言います。この三つは、いずれも一切衆生を救済し、世を安穏《あんのん》に導く最高の宝であることから、三宝と言うのです。

本宗では、総本山第二十六世日寛上人が、

「須《すべか》らく文底下種の三宝を信ずべし。是《こ》れ則《すなわ》ち末法適時《ちゃくじ》の信心なり」

(当流行事抄・六巻抄一九四ページ)

とご指南のように、文底下種の三宝、すなわち久遠元初の仏法僧を信仰します。

久遠元初の仏宝とは、久遠即末法の御本仏・宗祖日蓮大聖人です。久遠元初の法宝とは、御本仏が悟られた南無妙法蓮華経であり、その当体は大聖人が御図顕された本門戒壇の大御本尊です。久遠元初の僧宝とは、大聖人より唯授一人の血脈を承継された第二祖日興上人を随一とし、日目上人以下、血脈付法の御歴代上人も僧宝となります。

以上の意義から、三座では宗祖日蓮大聖人、第二祖日興上人、第三祖日目上人以下の御歴代上人に対して御報恩謝徳を申し上げるのです。大聖人が、

「法をこゝろえたるしるしには、僧を敬ひ、法をあがめ、仏を供養すべし」

(新池《にいけ》御書・御書一四六一ページ)

と仰せのように、私たちの勤行は、文底下種の三宝を尊び敬う御報恩謝徳の実践なのです。

四　座―広宣流布祈念

四座では、まず広宣流布のご祈念をします。

祈念し奉る一天四海本因妙《ほんにんみょう》、広宣流布《こうせんるふ》、大願成就御祈祷《だいがんじょうじゅごきとう》の御為に
某《それがし》過去遠々劫《おんのんごう》現在漫々《まんまん》の謗法罪障《ほうぼうざいしょう》消滅、現当二世大願成就の為に

【通　釈】

御本仏の大願である一天四海にわたる本因妙の仏法の広宣流布が成就されるようご祈念し奉ります。

自身が過去遠々劫より現在に至るまで積み重ねてきた謗法による罪障を消滅し、現当二世にわたる大願が成就するよう祈念いたします。

〔解　説〕

総本山大石寺では、日興上人以来、代々の御法主上人によって一日も欠かすことなく丑寅

勤行が行われ、広宣流布のご祈念がなされています。私たちも勤行の四座で広宣流布をご祈念し、その達成のために精進することをお誓いするのです。

次に、自身の謗法罪障消滅・信心倍増・無事息災等、諸々のご祈念をします。

五　座―回《え》向《こう》

五座では、過去帳記載の大聖人の御事蹟および御歴代上人の御命日忌に当たっての御報恩謝徳、先祖代々・有縁の諸精霊《しょうりょう》に対する追善回向をします。

某《それがし》先祖代々並《なら》びに当宗信仰の面々・内得《ないとく》信仰の面々・各《おのおの》先祖代々の諸精霊《しょうりょう》、追善供養証大菩提《しょうだいぼだい》の為に、南無妙法蓮華経

【通　釈】

この読経・唱題の功徳を自身の先祖代々ならびに当宗を信仰している人々、内得信仰をしている人々、それぞれの先祖代々の諸精霊に対して追善供養し、大菩提を証するために回向《えこう》申し上げます。南無妙法蓮華経。

〔解　説〕

回向とは回転趣向《えてんしゅこう》の意で、仏道修行の功徳善根を他人に回《めぐ》り向かわしめることを言います。大聖人は、

「今日《いま》蓮等の類聖霊《たぐいしょうりょう》を訪《とぶら》ふ時、法華経を読誦し、南無妙法蓮華経と唱へ奉る時、題目の光無間《むけん》に至って即身成仏せしむ。回向の文此《これ》より事《こと》起こるなり」

（御義口伝・御書一七二四ページ）

と仰せです。すなわち、私たちが御本尊に勤行・唱題し、その功徳を回向することによって、精霊は即身成仏の境界を得られるのです。

また、大聖人が『刑部左衛門尉《ぎょうぶさえもんのじょう》女房御返事』に、

「父母に御孝養の意あらん人々は法華経を贈り給ふべし」（同一五〇六ページ）

と仰せのように、法華経をもって回向することは、亡くなった父母や先祖などを成仏に導く最高の孝養となることを心得ましょう。

乃至《ないし》法界《ほうかい》平等利益《りやく》自他倶安《ぐあん》同帰《どうき》寂光《じゃっこう》

【通　釈】

この読経・唱題による多大な利益を法界の一切にあまねく平等に及ぼし、自他倶《とも》に仏道を成じて安らかに同じく常寂光土《じょうじゃっこうど》に帰《き》することができますように。

〔解　説〕

法華経に、

「願わくは此《こ》の功徳を以《もっ》て　普《あまね》く一切に及ぼし　我等と衆生と　皆共に仏道を成《じょう》ぜん」

(化城喩品第七・法華経二六八ジペー)

と説かれるように、勤行の最後に、その功徳を宇宙法界の一切衆生に平等に回《めぐ》らして、自他ともに常寂光土（成仏の境界）に帰入《きにゅう》するように祈念します。

最後に、題目を三唱して勤行を終わります。

付、過去帳について

自宅に御本尊をご安置する際には、過去帳を備えます。過去帳は寺院に願い出て、先祖や故人の戒名（または俗名）、亡くなった時の年齢などを記入していただきます。

［過去帳を用いての回向の仕方］

五座の回向の時に、過去帳記載の精霊等を回向する場合は、

唱題を終了し、題目を三唱します。次いで、

①過去帳記載の御歴代上人への御報恩謝徳。御歴代順に、

「総本山第〇世〇〇上人　御命日忌　御報恩謝徳の御《おん》為に　南無妙法蓮華経」と念じ、

鈴を一打します。

②過去帳記載の日蓮大聖人の御事蹟に対する御報恩謝徳。

(例)「文永八年九月十二日　宗祖日蓮大聖人竜口《たつのくち》御法難　御報恩謝徳の御為に　南無妙法蓮華経」と念じ、鈴を一打します。

③過去帳記載の故人(大聖人の御両親・大石寺開基檀那南条時光殿を含む)に対する追善回向。

「〇〇〇〇信士(信女)/俗名〇〇〇〇の霊　命日忌(祥月《しょうつき》の場合は『祥月命日忌』)追善供養の為に　南無妙法蓮華経」

と念じ、鈴を一打します。

御歴代上人の読み方

一日 日東（にっとう）上人
日誠（にちじょう）上人
二日 日胤（にちいん）上人
三日 日穏（にちおん）上人
日堅（にっけん）上人
日相（にっそう）上人
四日 日時（にちじ）上人
日影（にちえい）上人
日忍（にちにん）上人
日養（にちよう）上人
日布（にっぷ）上人
五日 日精（にっせい）上人
六日 日院（にちいん）上人
七日 日興（にっこう）上人
日底（にってい）上人
日昌（にっしょう）上人
日盈（にちえい）上人
日宣（にっせん）上人
日満（にちまん）上人
八日 日禮（にちれい）上人
日荘（にっそう）上人
九日 日英（にちえい）上人

十日 日阿（にちあ）上人
十一日 日忠（にっちゅう）上人
日嚴（にちごん）上人
十二日 日舜（にっしゅん）上人
日教（にっきょう）上人
十三日 日行（にちぎょう）上人
十四日 日啓（にっけい）上人
日因（にちいん）上人
日文（にちもん）上人
日昇（にっしょう）上人
十五日 日目（にちもく）上人
日應（にちおう）上人
十七日 日主（にっしゅ）上人
日恭（にっきょう）上人
日淳（にちじゅん）上人
十八日 日正（にっしょう）上人
十九日 日寛（にちかん）上人
二十日 日乘（にちじょう）上人
日泰（にったい）上人
日顯（にっけん）上人
二十一日 日就（にちじゅ）上人
日典（にってん）上人

二十二日 日開（にちかい）上人
日珠（にっしゅ）上人
日達（にったつ）上人
二十三日 日亨（にちこう）上人
二十四日 日鎮（にっちん）上人
日永（にちえい）上人
日霑（にちでん）上人
日隆（にちりゅう）上人
二十五日 日詳（にっしょう）上人
日任（にちにん）上人
日盛（にちじょう）上人
二十六日 日道（にちどう）上人
日元（にちげん）上人
日眞（にっしん）上人
日琫（にっぽう）上人
日柱（にっちゅう）上人
二十七日 日調（にっちょう）上人
二十八日 日宥（にちゆう）上人
二十九日 日有（にちう）上人
日俊（にっしゅん）上人
日量（にちりょう）上人
三十日 日純（にちじゅん）上人

信心修行の基本（1）

勤行

――その仕方と観念文の意義――

平成三十年九月一日　初版発行
令和六年五月十五日　第七刷発行

編集
発行　株式会社　大日蓮出版

ISBN978-4-905522-74-4

9784905522744
ISBN978-4-905522-74-4
C0015 ￥139 E

1920015001399
定価　153円
（本体 139円）⑩
大日蓮出版